AF209080

50 SONNEN-BLUMEN

CARIN REITERER   CARIN REITERER VERLAG

Bibliografische Information Der Deutschen Bibliothek

Die Deutsche Bibliothek verzeichnet diese Publikation
in der Deutschen Nationalbibliografie; detaillierte
bibliografische Daten sind im Internet über
http://dnb.ddb.de abrufbar.

Originalausgabe
Copyright ©2008 by Carin Reiterer
Umschlaggestaltung: Carin Reiterer
Satz: Carin Reiterer
Printed in Germany
ISBN 978-3-9811541-3-9
Herstellung: Books on Demand GmbH, Norderstedt

Du Liebe 1

Du Liebe

bist so
unberechenbar und gefährlich
bist dennoch
klar und ehrlich

bist so
traurig und auch schön
Dir ist so schwer
zu widersteh'n

mit Deiner Wärme
und Deiner Kühle
bist Du einfach
das schönste der Gefühle

überdauerst
Zeit und Raum
bist des Lebens
schönster Traum

bist so
verführerisch und zärtlich
und machst
uns Sterbliche unsterblich

Du Liebe

Unser Weg

Du
gehst
mir
entgegen
Stück
für
Stück
und
Schritt
für
Schritt

Schritt
für
Schritt
und
Stück
für
Stück
gehe
ich
Dir
entgegen

Schöner als gestern

Alles
ist
wie
gestern
...nur
   schöner,
   seit
   Du
   bei
   mir
   bist!

Melodie der Liebe

Komm
zu
mir
und
spiel
mit
mir
die
Melodie
der
Liebe

Spielen

Ich
spiele
meine
Melodie
nach
Deinen
Noten

Erste Geige

Laß
mich
die
erste
Geige
spielen
im
Orchester
Deines
Lebens

Alle Saiten

Du
bringst
in
mir
alle
Saiten
zum
Schwingen

Du
bringst
in
mir
alle
Saiten
zum
Klingen

Du Liebe 2

Du Liebe

man
darf
nicht
achtlos
an
Dir
vorübergeh'n
laß
das Wunder
gescheh'n

Du Liebe

Du Liebe 3

Du Liebe

bist mal
überschwenglich
und mal
verfänglich

bist so
unglaublich gigantisch
und so
hoffnungslos romantisch

Du Liebe

Meine innere Stimme

Hörst
Du
meine
innere
Stimme
lautlos
Dich
rufen

Ruf meines Herzens

Ich
sehne
mich
so
nach
Dir
hörst
Du
nicht
daß
mein
Herz
nach
Dir
ruft

Viel mehr

Zusammen
sind
wir
mehr
als
zwei

Viel viel mehr

Ohneeinander
sind
wir
viel

Miteinander
sind
wir
viel
mehr

Aufgetaucht

Du
bist
aufgetaucht
aus
dem
Nichts
und
ich
hoffe
Du
hältst
was
Du
mir
versprichst

Kuß der Muse

Ich
lege
Dir

mein
Herz
zu
Füßen

Laß
mich
Dich
als
Deine
Muse
küssen

Wahres Gesicht

Tritt
aus
dem
Schatten
in
das
Licht
und
zeig
mir
Dein
wahres
Gesicht

Spiegelbild meiner Seele

Du
bist
das
Spiegelbild
meiner
Seele
denn
ich
erkenne
mich
in
Dir

Du Liebe 4

Du Liebe

unendlich
traurig
unendlich
schön

ich wünschte
Du würdest
nie
vergeh'n

Du Liebe

Du Liebe 5

Du Liebe

bist
so traurig
und
so schön

ich weiß
Du wirst
niemals
vergeh'n

Du Liebe

Magisch angezogen

Du
ziehst
mich
nur
durch
Deine
Blicke
an
Dich
heran
ich
fühle
mich
magisch
angezogen
von
Dir

Du
ziehst
mich
nur
durch
Deine
Blicke
in
Deinen
Bann
ich
fühle
mich
magisch
angezogen
von
Dir

Der Moment

Meine
Sicht
auf
die
Welt
ändert
sich
in
dem
Moment
in
dem
Du
mich
anlächelst

Schneller

Die
Welt
dreht
sich
schneller
seit
Du
bei
mir
bist

Schwer und leicht

Ich
fühle
mich
schwer
und
leicht
zugleich

Visionen der Liebe

Durch
Dich
werden
sie
wahr
meine
Visionen
der
Liebe

Gezeiten der Liebe

Gefühle
kommen
und
gehen
wie
Ebbe
und
Flut

Endlos

Mein
Herz
spricht
Bände
ich
liebe
Dich
ohne
Ende

Verschrieben (für immer)

Mein
Herz
hat
sich
Dir
für
immer
verschrieben
denn
ich
werde
Dich
für
immer
lieben

Du Liebe 6

Du Liebe

bist
mal warm
und
mal kühl

bist
ganz
einfach
das schönste Gefühl

Du Liebe

Du Liebe 7

Du Liebe

bist
mal warm
und
mal kühl

und
doch
so viel mehr
als ein Gefühl

Du Liebe

Nah und fern

Manchmal
bist
Du
mir
so
nah
und
scheinst
doch
so
unerreichbar
fern

Verirrt und verwirrt

Ich
habe
mich
in
Deinem
Leben
verirrt
und
finde
nicht
mehr
heraus

Ich
bin
völlig
verwirrt
und
weiß
gar
nicht
mehr
ein
noch
aus

Ratlos

Ratlos
stehen
wir
hier
und
fragen
uns
wo
unsere
Liebe
geblieben
ist

Dein Schatten

Meinen
eigenen
Weg
gehen
nie
mehr
in
Deinem
Schatten
stehen

Alles und nichts

Du
gibst
mir
alles
und
auch
wieder
nichts

Verbrannt

Ich
habe
mich
verbrannt
an
Deiner
Kälte

Gelöst und erlöst

Ich
habe
mich
gelöst
von
Dir
und
fühle
mich
erlöst
von
Dir

Erlöst, losgelöst und schwerelos

Ich
fühle
mich
erlöst
endlich
losgelöst
von
Dir
so
schwerelos

Du Liebe 8

Du Liebe

geh noch nicht
bleib noch
ein wenig
bei mir

Du Liebe

Du Liebe 9

Du Liebe

wohin bist Du nur
gegangen
Du fehlst mir so sehr
ich warte auf Dich

Du Liebe

Kurz und schmerzhaft

Meine
Liebe
zu
Dir
war
kurz
und
schmerzhaft

Lang und schmerzhaft

Meine
Trennung
von
Dir
war
lang
und
schmerzhaft

Verlaufen und verflogen

Unsere
Liebe
hat
sich
verlaufen
und
ist
verflogen

Verweht

Unsere
Liebe
hat
der
Wind
verweht

Zu
vieles
was
zwischen
uns
steht

Unmerklich und unabänderlich

Mein
Gefühl
für
Dich
löst
sich
auf
...unmerklich

Mein
Gefühl
für
Dich
löst
sich
auf
...unabänderlich

Verblaßt und vergessen

Irgendwann
wird
Dein
Bild
in
meiner
Erinnerung
verblassen
und
dann
kann
ich
Dich
vergessen

Unsere Zeit

Unsere
Zeit
blieb
stehen
und
es
war
klar
daß
unsere
Zeit
ganz
einfach
abgelaufen
war

Gebrochen

Eines
Tages
wirst
Du
verstehen
daß
Du
nicht
nur
mein
sondern
auch
Dein
Herz
gebrochen
hast

Wieder

Es
ist
Deine
Sonne
die
mir
wieder
scheint
denn
endlich
sind
wir
wieder
vereint

Liebe-
woher
kommst
Du

Liebe-
wohin
gehst
Du

Liebe-
warte
auf
mich

Liebe-
bleib
bei
mir

Du Liebe 10

Du Liebe

hast mir
so vieles
gegeben

ich schenke Dir
im Gegenzug
mein Leben

Du Liebe